Y f

814

GRAND BAL

DE LA

DOVAIRIERE

DE BILLEBAHAVLT.

BALLET

DANSE' PAR LE ROY

au mois de Feurier 1626.

VERS DVDIT BALLET,

Par le ſieur Bordier, ayant charge de la Poëſie
pres de ſa Majeſté.

De l'Imprimerie du Louure.

M. DC. XXVI.

LEcteur, Tu feras aduerty que les Vers qui fuiuent ne regardent principallement que les Recits de la Mufique, & les Entrées du Roy, des Princes & Seigneurs. Et quant à l'ordre & fuitte entiere du Ballet, dans lequel les particuliers font diuerfes Entrées, tu l'apprendras par les Vers de quelques bons Efprits, qui amoureux de la beauté de cé Ballet, ont voulu tefmoigner au public leur paffion.

BALLETS
DE L'AMERIQVE.

ATABALIPA, SVIVY DES PEVPLES
& Couſtumes de l'Amerique.

PREMIER RECIT.

E ſuis l'effroy des puiſſans Roys,
A qui ie laiſſe pour tout choix
La gloire de me rendre hommage;
Et vais reduire les Mortels
A ne chercher plus les Autels
Que pour adorer mon Image.

   Neptune flatte mon courroux,
L'orgueil de Mars eſt à genoux
Lors que ma fureur eſt armée;
Et le Soleil ne luit aux Cieux,
Que pour guider en mille lieux
Les courriers de ma Renommée.

   Mais! ô que dans les grands Eſtats,
L'ambition des Potentats
Trouue d'embuſches dans ſa routte;
Quand i'ay terre & mer ſurmonté,
Inuincible ie ſuis domté
Par vn Enfant qui ne voit goutte.

MONSIEVR LE COMTE,
repreſentant l'vn des Ameriquains.

BEautez qui me voyez paroiſtre à cœur ouuert,
  Au rang des Inconſtans & des plus Infidelles:
Encore que mon corps ſoit de plumes couuert,
Mon amour n'a point d'aiſles.

Monſienr le Comte d'Arcourt,
repreſentant vn Androgine.

QVelle gloire eut iamais de plus auguſtes marques,
  Le fuzeau que ie tiens eſt le fuzeau des Parques,
Par qui des Rodomons ie deuide les iours;
Leur audace où ie ſuis eſt en vain occuppée,
Affin de la trancher ſans eſpoir de ſecours
I'ay de la main de Mars cette fameuſe eſpée.

BALLETS DE L'ASIE.

Mahomet fuiuy des Peuples & Couftumes d'Afie.

PRophete que ie fuis, ô merueilleux effets,
   I'ay l'honneur de feruir vne ieune Merueille :
En ce gain amoureux la perte que ie fais,
C'eft qu'au lieu d'vn pigeon i'ay la puce à l'oreille.

LES DOCTEVRS TVRCS.

Monfieur de la Rocheguyon.

DOcteur, ie ne perds point le temps
   A chercher dans ma Biblioteque,
Le moyen de rendre contens
Tous les Pelerins de la Mecque,
Qui vont fçauoir fi Mahommet
Leur tiendra ce qu'il leur promet.

Monfieur de Liancourt.

MEs fuiuans n'ont peu dauantage,
   Ma doctrine eft vn entretien
Qui donne le Ciel en partage,
Mais ie ne fuis garand de rien.

Les Gentils-hommes Persans lettrez.

LE ROY.

IE viens comme Persan, Docteur & Gentil-homme,
Ne m'en croyez pas moins de la Foy protecteur;
Vn Turban sur le Chef du fils aisné de Rome,
Est tel qu'vn mauuais liure en la main d'vn Docteur.

Monsieur le Premier.

Monsieur de Baradas Premier Escuyer

VEnez trouuer vostre bon-heur,
Beautez, à qui le point d'honneur
Embarrasse la phantaisie ;
Ie suis vn Docteur de la Cour,
Nay pour combattre l'heresie
Qui répugne à la loy d'Amour.

Monsieur le Commandeur de Souuray.

IE ne suis point de ces Docteurs
Qui remplissent leur Gibessiere ;
Car si i'ay quelques bons Auteurs
Ils sont tout couuerts de poussiere.

LE GRAND TVRC.

SECOND RECIT.

IE regne à la fource du iour,
Où le Soleil me faict la Cour
Dans vn Empire plein de charmes;
La fortune fuit mon ardeur,
Et le Dieu Mars ne prend les armes,
Que pour les confacrer aux pieds de ma grandeur.

     Vne heroïque paßion
Fait luire mon ambition
Dans les miracles de la guerre:
Mon Trôfne eft au deffus des Roys;
Ie fais trembler toute la Terre,
Et contrains l'Ocean de reuerer mes Loix.

     Ma puiffance imite le cours
De la Mer qui marche toufiours
D'vn pas fatal à la contraincte:
Mais quoy! ces titres inoüis,
Ne m'exemptent pas de la crainte
D'accroiftre quelque iour les palmes de LOVIS.

BALLETS DV NORT,
ou regions froides.

Les Baillifs de Gruenland & Frizeland, fuyuis des
Peuples & Couftumes du pays.

Monfieur le Duc de Nemours, repre-
fentant le Baillif de Gruenland.

IE ferois le deffein de retourner en Trace
Pour y cueillir les fruicts d'vne guerriere audace,
N'eftoit qu'aux pieds de Mars ie trouue icy l'amour,
Qui du vent de fes aifles
Efuente deux Soleils, qui font naiftre le iour
Et les rofes nouuelles.

Monfieur le Comte de Carmail, repre-
fentant le Baillif de Frizeland.

BIen que tranfi de froid l'exercice m'appelle,
Mon cœur ambitieux
Ne confent, ô Beautez, que ma glace dégele
Qu'aux rayons de vos yeux.

Ballets

BALLETS DE L'AFRIQVE.

Le Cacique fur fon Elephant, fuiuy des Peuples
& Couftumes d'Afrique.

TROISIEME RECIT.

IE fais pleuuoir par tout la honte & le mal-heur,
Quand mon ambition fait tonner ma valeur
Pour immoler des Roys à l'autel de ma gloire:
Que pourroit contre moy l'audace des humains,
Puis que de Iupiter i'ay la foudre en mes mains,
Et que Mars cháque iour me doit vne victoire?

  Au fort de mon courroux, le fang & le trefpas
Arroufent les Lauriers qui naiffent fouz mes pas,
Dont les moindres butins font de riches Couronnes:
Ie pefche les Citez auec mes hameçons,
Et prens le fer au poing des Sceptres pour moiffons
Que ie fais entaffer à mes fieres Bellonnes.

  La terre qui pour moy brufle de paffion
Donne la carte blanche à mon ambition,
L'Ocean de ma gloire annonce les nouuelles:
L'Enfer que i'enrichis n'eft fans me redouter;
Mais ie ne puis defcendre, & jaloux de monter
Si i'efpargne le Ciel c'eft par faute d'efchelles.

            B

Les Afriquains, qui ont dansé selon l'ordre cy-apres.

MONSIEVR.

BEautez, si l'humeur vagabonde
Me fait errer par tout le Monde;
Voicy d'où vient ma passion:
C'est qu'à l'esgal de mes merites,
L'Afrique, à mon ambition
Offroit des bornes trop petites.

Monsieur de Longueuille.

IE meure, ô merueilles des Cieux,
Si le plus grand orgueil d'vne Dame Afriquaine,
Est propre deuant vos beaux yeux.
Qu'à seruir de quaintaine.

Monsieur d'Elbeuf.

LEs ardeurs de la Canicule
Ont beau m'affliger nuict & iour;
Si ie dois mourir comme Hercule,
Ie veux brusler du feu d'Amour.

Monsieur le grand Prieur.

YEux, qui dõnez la paix quãd vous faites la guerre,
Et qui de vos beautez, rendez les Dieux jaloux:
Ie viuois en Afrique ainsi que sur la terre;
Mais ie croy viure au Ciel que d'estre aupres de vous.

Monſieur le Commandeur de Souuray.

A Mour que ie croyois vn Dieu ſur vne pelle,
Et que partãt de fois i'ay nõmé mon vainqueur,
Parce que le Soleil fait boüillir ma ceruelle;
Faut il donc qu'vn bel œil face roſtir mon cœur?

Le grand Cam, repreſenté par Monſieur de Liancourt.

I E ne m'eſloigne pas des fins de mon Empire,
Pour trouuer ſon pareil:
Mais c'eſt que ie deſire
Bruſler d'vn plus beau feu que celuy du Soleil.

B ij

BALLETS DE L'EVROPE.

Les Grenadins joüeurs de Guiterre.

LE ROY.

IE suis vn Amant de campagne,
Qui porte vn front victorieux.
Pour faire l'amour à l'Espagne;
Est il dessein plus glorieux?

Monsieur le Grand Prieur.

IE sers le Soleil des beautez,
Mais, ô mal-heur, ses cruautez
Ne me destinent qu'au supplice ;
Et ses beaux yeux qui sont mes Roys
Veullent en l'amoureux office
Que ie porte tousiours ma croix.

Monsieur le Premier.
Baradas

MA gloire ne fait que de naistre;
Mais certes il faut l'adoüer:
I'apprens des mains d'vn si bon maistre
Que ie ne puis que bien joüer.

Les Grenadins danseurs de Sarabande.

Monsieur le Comte d'Harcourt.

MA souplesse aujourd'huy se met en évidence:
Mais ne vous trompez pas, si ie suis à la Cour
Damoizeau pour la danse,
J'y suis Mars pour l'Amour.

Monsieur le Commandeur de Souuray.

QVe ma fortune est grāde en l'esprit des humains,
Les supresmes danseurs m'offrēt vn Diadesme:
Mais ie veux, ô Beautez, le prendre de vos mains,
Si i'ay le pied friand, le reste va de mesme.

Vn Musicien de Grenade, représenté par Monsieur le Marquis de Mortemar.

DAns le choix des beaux chants si ie fais des mer-
Cloris, c'est pour l'amour de vous;   (ueilles,
Mais sçachez que ma voix qui charme les oreilles,
N'est pas ce que i'ay de plus doux.

L'Hoste de la ville de Clamar, représenté par Monsieur de Liancourt.

LEs diuines Beautez viennent loger chez moy
Pour boire le Nectar, & manger l'Ambrosie,
Logez y donc Phillis, & ie iure ma foy,
Que ie ne veux de vous rien que la courtoisie.

LA DOVAIRIERE
de Billebahault.

QVATRIESME RECIT.

IL est vray, mes beautez, seroient dignes de blasme
Si ie manquois de foy,
Pour appaiser la flame
D'vn demy-Dieu, qui souspire pour moy.

Amour en sa faueur tousiours me sollicite,
Et me veut soustenir
Qu'il à tant de merite,
Que du deffunct i'en pers le souuenir.

En fin voicy le terme & l'heureuse iournée,
Que ie puis faire choix
D'vn second hymenée
Parmy la fleur des Princes & des Roys.

L'Amoureux de la Doüairiere, representé par le Sieur Maresse.

A Mant desesperé, que l'extréme rigueur
    D'vn chef d'œuure des Cieux fait mourir en lan-
Ie viens en cette Cour des régnes de l'Aurore, (gueurs;
Pour trouuer dans le Louure & dans Fontaine-bleau,
Quelque lieu qui soit propre à loger le tableau
De l'object que i'adore.

    La beauté, qui pleurant sur le sang d'Adonis,
Vit les mespris de Mars cruellement punis ;
Obtient sur tous les Dieux aysement la victoire ::
Mais celle que ie sers a bien d'autres appas,
Et ie luy ferois tort de ne vous tracer pas
Quelques traits de sa gloire.

    Elle a dans chasque bras vne fosse à noyaux ;;
Vne meutte de chiens jappe dans ses boyaux,
Son esprit en Amour est vn vieil protocolle,
Et sans ~~luy faire tort~~ rien déguiser son visage est vn plat,
Où pour charmer les cœurs ses beaux yeux ont l'esclat
De prunes de brignolle.

CINQVIESME ET DERNIER RECIT
du corps de la Musique, qui vient auparauant le
grand Ballet, & dont les paroles ont esté
accommodées à l'Air qui estoit faict.

AVX REYNES.

GRandes Reynes dont les yeux captiuent les Roys,
Les voicy, qui d'vn iuste choix
Apres mainte victoire,
N'aspirent qu'à la gloire
D'embrasser vos Loix.

Ces Monarques si fameux en la voix de tous,
Et de leur grandeur si jaloux,
Viennent tant ils sont braues
En qualité d'esclaues
Mourir pres de vous.

FIN.

BORDIER.